Sitzungsberichte der Sächsischen Akademie der Wissenschaften zu Leipzig · Philologisch-historische Klasse · Band 143 · Heft 2

Hans Ulrich Schmid

BESCHEIDEN(HEIT)

Metamorphosen eines Wortes

Sächsische Akademie der Wissenschaften zu Leipzig · In Kommission bei S. Hirzel Stuttgart

Diese Publikation wird mitfinanziert durch Steuermittel auf der Grundlage
des vom Sächsischen Landtag beschlossenen Haushalts.

Autor:
Prof. Dr. Hans Ulrich Schmid
Frohburger Straße 38
04277 Leipzig

Vortrag gehalten in der Sächsischen Akademie
der Wissenschaften zu Leipzig am 13. Januar 2023
Manuskript eingereicht am 15. Oktober 2023
Druckfertig erklärt am 24. Oktober 2023

Bibliografische Information der Deutschen Nationalbibliothek

Die Deutsche Nationalbibliothek verzeichnet diese Publikation in der Deutschen Nationalbibliographie; detaillierte bibliographische Daten sind im Internet über <http://dnb.d-nb.de> abrufbar.

ISBN (Print): 978-3-7776-3508-8
ISBN (E-Book): 978-3-7776-2732-8

Vertrieb: S. Hirzel Verlag Stuttgart.
Satz: Claudia Hollstein, Sächsische Akademie der Wissenschaften zu Leipzig
Druck: SAXOPRINT GmbH, Dresden
Printed in Germany

Inhalt

I. 5
Ein pseudoetymologischer Holzweg 5
Formales 6

II. 9
Bedeutung, Bedeutungserweiterung, Bedeutungswandel im älteren Deutsch . . 9
Was sagen die historischen Wörterbücher? 11
Das Verbum 11
Das Adjektiv 13
Das Abstraktum 14
Ein epigraphisches mittelhochdeutsches Zeugnis 14

III. 16
Die Neubearbeitung des Deutschen Wörterbuchs der Brüder Grimm ([2]DWB) . . 17
Duden online 17
Das Digitale Wörterbuch der deutschen Sprache (DWDS) 18

IV. 21

In dem vorliegenden Beitrag geht es darum, formale Veränderungen eines Wortes, nämlich des Adjektivs *bescheiden* (sowie der zugehörigen Abstraktbildung *Bescheidenheit*) darzustellen und zu begründen (= I.), sodann dessen Bedeutungsentwicklung vom Mittelhochdeutschen bis heute auf der Grundlage dessen, was sich historischen Wörterbüchern entnehmen lässt, zu skizzieren (= II.) sowie unter Bezugnahme darauf und auf drei gängige Lexikographika die heutige Bedeutungsbreite von *bescheiden* zu dokumentieren (= III.). Abschließend folgen einige kritische Überlegungen zur aktuellen Lage der gegenwärtigen »Wörterbuch«-Praxis (= IV.)

I.

Ein pseudoetymologischer Holzweg

Das Magazin »Frankfurter Allgemeine Quaterly« brachte in der Ausgabe 03/2022 einen längeren Artikel mit dem Titel »Bescheidenheit«. Untertitel: »Die sozialen und ökologischen Verwüstungen ändern die Prioritäten«. Der Autor, Niklas Maak, ist seines Zeichens laut Wikipedia »Journalist und Architekturkritiker«. Als Zusammenfassung schrieb er vorab:

> Wir spüren überall verstärkt das gar nicht so neue Bedürfnis nach einem maß- und mußevollen Leben, das nicht auf ein moralisierendes »Weniger« abzielt, sondern vielmehr auf ein intensiveres Leben mit mehr Freiheiten in der Realität des Klimawandels und der Sparzwänge.

Der Artikel setzt sich also, wie diese Eingangsfeststellung zu erkennen gibt, kritisch, mitunter auch leicht ironisch, mit dem überkommenen und überholten Anspruchsdenken in unserem Land auseinander. Vielem, wenn nicht allem, was der Autor des lesens- und bedenkenswerten Artikels in der Sache zu sagen hat, kann man zustimmen.

Nur eines stört den Sprachhistoriker: Der unsachgemäße Exkurs ins Althochdeutsche. Maak schreibt:

> [D]ie mittelalterlichen Gerichte verlangten, sich zu *bisceidan*; das althochdeutsche Wort für den Bescheid eines Gerichts, der demütig hingenommen zu wer-

den hatte, lebt noch weiter in der bürokratischen Redewendung, etwas werde »abschlägig beschieden«.

Abgesehen davon, dass das behauptete *sich bisceiden* reflexiv und intransitiv, das heutige *etwas abschlägig bescheiden* dagegen transitiv ist, sind derartige Gleichsetzungen oft gebrauchte rhetorische Taschenspielertricks: Man greift ins (pseudo-)etymologische Repertoire und meint, dem »Wesen« oder der »eigentlichen Bedeutung« einer Sache auf der Spur zu sein und allein schon dadurch Essentielles über die damit bezeichnete Sache zu wissen und sagen zu können.

Was hat es mit dem vorgeblichen althochdeutschen Wort Verbum *bisceidan* auf sich? Die Antwort ist einfach: Es ist überhaupt nicht bezeugt, was etymologischen Spekulationen von vornherein die Grundlage entzieht. Oder um ganz genau zu sein: Ein althochdeutscher Lemmaansatz *bisceidan* in der aktuellen Lieferung des Althochdeutschen Wörterbuchs ist mit einem Fragezeichen versehen, weil der einzige in Betracht kommende Beleg höchst zweifelhaft ist und auch ganz anderes gedeutet werden kann.[1]

Formales

Gut bezeugt ist hingegen bereits ein mittelhochdeutsches (mhd.) Adjektiv *bescheiden.* Dabei handelt es sich um das Partizip Präteritum eines vorauszusetzenden mhd. Verbums *bescheiden.* Daraus hätte sich, da mhd. *ei* als im Neuhochdeutschen (Nhd.) als *ei* erhalten geblieben ist[2], eine neuhochdeutsche Form *bescheiden* ergeben müssen. Konkret: Es müsste gemäß der regulären Lautentwicklung heute heißen **der Antrag wurde abschlägig bescheiden*, was aber nicht der Fall ist, denn es heißt *der Antrag wurde abschlägig beschieden.*

Für eine Erklärung muss man sich die formale Entwicklung vom Mittel- zum Neuhochdeutschen vergegenwärtigen: Das mhd. Verb *be-scheiden* gehörte als Präfixbildung zu dem Simplex *scheiden*, historisch betrachtet also zu einer Subklasse der sogenannten »starken« Verben, bei denen der Stammvokal des Infinitivs (1. Stammform) mit dem des Partizip Präteritum (4. Stammform) übereinstimmte.

---

1 Althochdeutsches Wörterbuch. Auf Grund der von Elias von Steinmeyer hinterlassenen Sammlungen im Auftrag der Sächsischen Akademie der Wissenschaften zu Leipzig begründet von Elisabeth Karg-Gasterstädt und Theodor Frings, hg. von Hans Ulrich Schmid. Berlin/Boston 2022, Band VIII, Sp. 930.

2 Das mhd. *ei* muss allerdings so ähnlich ausgesprochen worden sein wie der Vokal in engl. *late*, *gave*, *race* usw., nicht wie nhd. *ei.* Gleich geblieben ist genaugenommen nur die Schreibweise.

In den Handbüchern der historischen Grammatik[3] wird diese Verbgruppe als »7. Klasse« bezeichnet. Die vier mhd. Stammformen (Infinitiv, 1./3. Person Singular Präteritum, 1. Person Plural Präteritum, Partizip Präteritum) lauten:

1. *scheiden* – 2. *(ich/er, sie, es) schiet* – 3. *(wir) schieden* – 4. *(wir haben/sind) ge-scheiden*

ebenso:

1. *heizen* – 2. *(ich/er, sie, es) hiez* – 3. *(wir) hiezen* – 4. *geheizen*
1. *loufen* – 2. *(ich/er, sie, es) lief* – 3. *(wir liefen)* – 4. *geloufen*
1. *ruofen* – 2. *(ich/er, sie, es) rief* – 3. *(wir) riefen* – 4. *geruofen*
1. *lâzen* – 2. *(ich/er, sie, es) liez* – 3. *(wir) liezen* – 4. *gelâzen*

Hinzu kommt eine größere Zahl weiterer Verben, von denen die meisten die Übereinstimmung des Stammvokals in der ersten und vierten Stammform bis heute beibehalten haben.

Noch in der Luther-Bibel von 1545 steht im Lukas-Evangelium (22,29) *Vnd ich wil euch das Reich bescheiden* (Infinitiv)*, wie mir mein Vater bescheiden* (Partizip Präteritum) *hat.* Hier besteht also noch die formale Gleichheit von Infinitiv und Partizip Präteritum wie im Mittelhochdeutschen (ebenso in *heißen* – *geheißen*, *laufen* – *gelaufen*, *rufen* – *gerufen*, *lassen* – *gelassen*).

Das Verbum *scheiden* jedoch (und in seiner Folge natürlich auch die Erweiterungen *be-scheiden*, *aus-scheiden*, *ent-scheiden*, *ver-scheiden*, *unter-scheiden* usw.) tanzt insofern aus Reihe, als die 4. Stammform heute *geschieden* lautet, also nicht mhd. *gescheiden* fortsetzt. Das hat folgenden Grund:

Im Mittelhochdeutschen gab es ein mit *scheiden* bedeutungsgleiches Verb *schîden* mit folgenden Stammformen:

1. *schîden* – 2. *(ich / er, sie, es) scheit* – 3. *(wir) schiden* – 4. *(wir haben/sind) geschiden.*

Es gehörte wie *mîden* ›meiden‹, *schrîben* ›schreiben‹ und viele andere zur »1. Klasse«[4] der starken Verben.

3 Vgl. beispielsweise Hermann Paul: Mittelhochdeutsche Grammatik. 25. Aufl., neu bearbeitet von Thomas Klein, Hans -Joachim Solms und Klaus-Peter Wegera. Mit einer Syntax von Ingeborg Schröbler, neubearbeitet und erweitert von Hein-Peter Prell, Tübingen 2007, § M84.

4 Vgl. ebenda, § M 76.

Aufgrund von regelhaften Lautveränderungen, auf die hier nicht näher einzugehen ist, entwickelte sich im Neuhochdeutschen daraus

1. *scheiden* – 2. *(ich / er, sie, es) schied* – 3. *(wir) schieden* – 4. *(wir haben/sind) geschieden.*

Vergleicht man nun die mhd. Formen von *scheiden* (7. Klasse) mit denen des Verbs mhd. *schîden* / nhd. *scheiden* (1. Klasse) mit ihren nhd. Nachfolgeformen[5], so zeigt sich auf heutiger Stufe Gleichheit in allen Stammformen:

		Infinitiv	1. Singular Präteritum	1. Plural Präteritum	Partizip Präteritum
Klasse 7	mhd.	*scheiden*	*schiet*	*schieden*	***gescheiden***
	nhd.	*scheiden*	*schied*	*schieden*	*geschieden*
Klasse 1	mhd.	*schîden*	*scheit*	*schiden*	***geschiden***
	nhd.	*scheiden*	*schied*	*schieden*	*geschieden*

Nur die (hier fett gedruckten) mhd. Formen des Partizips des Präteritums beider Verben divergierten. Was am Simplex gezeigt wurde, gilt natürlich ebenso für das hier interessierende erweiterte *be-scheiden* und alle anderen erweiterten Formen.

Die Übereinstimmung in drei der vier Stammformen der ursprünglich disparaten Verben im Neuhochdeutschen hatte zur Folge, dass auch die vierte Stammform, also das Partizip Präteritum, angeglichen wurde. Es handelt sich um einen Fall von Analogieausgleich, wie er in der Flexionsmorphologie häufig vorkommt. Anders gesagt: Die Partizipialform *gesch<u>ei</u>den* wurde durch »passförmiges« *gesch<u>ie</u>den*, das ursprünglich nur dem Verb der 1. Klasse zukam, verdrängt. Ergebnis war, dass die beiden ursprünglich unterschiedlichen Verben zu einem »fusioniert« sind.

Das alte Partizip *gescheiden* wurde nicht fortgeführt, sondern verschwand aus der deutschen Sprache.

Anders verlief die Entwicklung aber bei der Präfixbildung *be-scheiden.* Auch hier wurde zwar das Partizip Präteritum *bescheiden*, das Martin Luther noch verwendete (siehe oben), aufgegeben und durch *beschieden* ersetzt. Aber die Form *bescheiden* verschwand nicht völlig. Sie blieb und wurde zum Adjektiv uminterpretiert und als solches beibehalten. Wir verwenden es bis heute.

5 Beim Verb der 1. Klasse ist in der ersten Stammform die regelhafte Diphthongierung mhd. *î* zu nhd. *ei* eingetreten. Die zweite Stammform (*schied*) ist analog die dritte (*schieden*) angeglichen worden, die ihrerseits die gleichfalls regelhafte Dehnung des mhd. kurzen *i* zum Langvokal (geschrieben *ie*) erfahren hat.

Die Verwandlung des einstigen verbalen Partizips *bescheiden* in ein »reines« Adjektiv ist kein singulärer Fall. Das heutige Deutsch kennt weitere Beispiele, in denen einstmals präteritale Partizipien im Sprecherbewusstsein nicht mehr im Zusammenhang mit den Verben, zu denen sie ursprünglich gehört haben, empfunden werden. Beispiele sind *gesotten* als ursprüngliches Partizip Präteritum zum Verbum *sieden*, *gediegen* als Partizip zum Verbum *gedeihen* oder *erhaben* zum Verbum *erheben*. Die heute geltenden »passförmigen« Partizipialformen *gesiedet*, *gediehen* und *erhoben* sind junge Neubildungen, die an die anderen Formen im Paradigma angepasst worden sein.

In einigen Fällen ist das Verbum sogar völlig verschwunden, und nur die einstigen Partizipien haben als Adjektive überlebt. So gehört *verschollen* zu einem nicht mehr existenten Verbum *verschellen* ›unerreichbar sein‹[6]. Das Adjektiv *verwegen* ist historisch gesehen ein Partizip Präteritum zu *(sich) verwegen* ›sich entschließen‹[7], das ebenfalls nicht mehr existiert.

Damit ist der formale Aspekt in Umrissen beschrieben. Nun zur Semantik.

II.

Bedeutung, Bedeutungserweiterung, Bedeutungswandel im älteren Deutsch

Für die älteste schriftlich bezeugte Epoche der deutschen Sprache, das Althochdeutsche, ist, wie eingangs gesagt, ein Verb *bisceidan* nicht gesichert, auch wenn die FAZ glaubt, es zu kennen. Es kann zwar durchaus existiert haben, hat aber, wie vieles andere den Weg auf das Pergament nicht gefunden. Für das Mittelhochdeutsche des 12. Jahrhunderts ist ein solches Verbum *bescheiden* jedoch bereits gesichert. Die frühesten Belege sind die folgenden:

(1) *so da **bescheidet** der himelischer chunic uf si mit snewe gewizet werdent in dem schaten* (*Dum discernit celestis reges super eam: niue dealbabuntur in selmon*) ›wenn der Himmlische die Könige dort absondert, werden (die Berge) Zelmon mit Schnee weiß gefärbt‹ (Millstätter Psalter, Psalm 67,15[8]; – *selmon* wird hier kommentierend »übersetzt« als ›im Schatten‹).

---

6 Vgl. Kluge. Etymologisches Wörterbuch der deutschen Sprache. Bearbeitet von Elmar Seebold. 25., durchgesehene und erweiterte Auflage, Berlin/Boston 2011, S. 956.

7 Vgl. ebenda, S. 958.

8 Cod. Pal. Vind. 2682. I. Eine frühmittelhochdeutsche Interlinearversion der Psalmen aus dem ehemaligen Benediktinerstifte Millstatt in Kärnten. Zum ersten Male hg. von Nils Törnqvist, Malmö 1934, S. 104.

Die Alexander-Dichtung des Pfaffen Lamprecht aus Vorau in der Steiermark enthält folgenden Satz:

(2) *wie er daz bedâhte, daz er von deme unrehti* ***beschiede*** *daz rehte* ›als er darüber nachsann, wie er vom Unrecht das Recht unterscheide‹ (Pfaffe Lambrecht, Alexander 218[9]).

Eine Dichtung über den Papst Silvester und den Kaiser Konstantin, ebenfalls aus dem 12. Jh., enthält folgende Sentenz:

(3) *des rechten wisen mannis můt* ***bescheidet*** *ubil vnde gůt vnde richtet sich nach der warheit* ›des gerechten Mannes Verstand unterscheidet Böse und Gut und orientiert sich an der Wahrheit‹ (Trierer Silvester 485[10]).

Im weiteren Lauf des Mittelhochdeutschen, erkennbar schon im 12. Jh., bildet sich für das Verbum *bescheiden* eine Bedeutung ›verstehen‹, aber auch ›verständlich machen‹ aus, so z. B. in der gereimten Kaiserchronik:

(4) *die rede will ich dir* ***besceiden*** ›die Rede will ich dir verständlich machen/ausdeuten‹ (Kaiserchronik 9496[11]).

Der semantische »Pfad« von ›trennen, auseinanderhalten‹ über ›unterscheiden‹ zu ›verstehen, erkennen‹ lässt sich ähnlich auch in anderen Sprachen nachweisen. Dafür zwei Beispiele:

Das lateinische Verbalkompositum *dis-cernere* bedeutet wörtlich genommen und konkret ›auseinander sehen‹, sodann aber mit abstrakter Bedeutung ›unterscheiden‹, woraus sich die Bedeutung ›wissen‹[12] entwickelte. Vergleichbar ist auch *intellegere* (< *inter-legere*), wörtlich ›dazwischen lesen‹, also ebenfalls ›einen Unterschied bemerken, wahrnehmen‹ und schließlich ›erkennen‹[13].

9 Die religiösen Dichtungen des 11. und 12. Jahrhunderts. Nach ihren Formen besprochen und hg. von Friedrich Maurer. Band II, Tübingen 1965, S. 540.

10 Deutsche Chroniken und andere Geschichtsbücher des Mittelalters. Hg. von der Gesellschaft für Ältere deutsche Geschichtskunde. 1. Band, 2. Abteilung: Trierer Sylvester, Annolied, 2. Aufl., Dublin/Zürich 1968, S. 54.

11 Deutsche Chroniken und andere Geschichtsbücher des Mittelalters. Hg. von der Gesellschaft für Ältere deutsche Geschichtskunde. 1. Band, 1. Abteilung: Deutsche Kaiserchronik, 3. Aufl., Dublin/Zürich 1969, S. 256.

12 Vgl. A[lois] Walde: Lateinisches etymologisches Wörterbuch. 3. Aufl. bearb. von J[ohann] B[aptist] Hofmann, Heidelberg 1938, 1. Bd. 1S. 205 f.

13 Vgl. ebenda, S. 352.

Das Altnordische kannte mit *skilja* ein Verb mit den Bedeutungen sowohl ›trennen‹ als auch ›verstehen‹[14]. Beide Bedeutungen haben sich bis ins heutige Neuisländische erhalten. Die anderen nordischen Sprachen haben für ›verstehen‹ allerdings das mittelniederdeutsche Verbum *vorstân* entlehnt (dänisch, schwedisch, norwegisch *forstå*) und nur für ›trennen, scheiden‹ das alte Verbum beibehalten (schwedisch *skilja*, dänisch, norw. *skille*).

Was sagen die historischen Wörterbücher?[15]

Das Verbum

Im Laufe des Mittelhochdeutschen entfaltet das Verbum *bescheiden* nach Ausweis des Mittelhochdeutschen Wörterbuchs (MWB)[16] eine beträchtliche Bedeutungsbreite. Der Artikel ist wie folgt gegliedert:

1. (jmdm.) etw. darlegen
1.1 (jmdm.) etw. erzählen, berichten
1.1 (jmdm.) etw. erklären

Die folgende Bedeutungsgruppe 2 kann in einem weiteren Sinne als rechtssprachlich bezeichnet werden:

2. jmdn. bestimmen; etw. festsetzen, entscheiden
2.1 festlegen
2.1.1 jmdn./etw. bestimmen
2.1.2 jmdn. an einen Ort bestellen, laden
2.1.3 jmdm. etw. zuteilen, bescheiden
2.1.4 jmdm. etw. auftragen gebieten

---

14 Johan Fritzner: Ordbog over Det gamle norske Sprog, Bd. 3, Kristiania 1896, S. 320–325.

15 In der nachfolgenden Skizze werden zunächst das Mittelhochdeutsche (Mitte des 11. Jahrhunderts bis 1350) und das Frühneuhochdeutsche (1350 bis 1650), anders gesagt das Hohe Mittelalter und die Frühe Neuzeit in den Blick genommen. Im Anschluss wird die Behandlung des Verbs *bescheiden* und der davon abgeleiteten Abstraktbildung *Bescheidenheit* in der Gegenwartssprache anhand dreier einschlägiger Wörterbücher (Grimms Deutsches Wörterbuch, Duden online, Digitales Wörterbuch der deutschen Sprache) thematisiert. Für das spätere 17., das 18. und 19. Jahrhundert sei verwiesen auf die Studie von Klaus Berg: Zur Geschichte der Bedeutungsentwicklung des Wortes *Bescheidenheit,* in: Würzburger Prosastudien I. Wort- Begriffs- und textkundliche Untersuchungen, hg. von der Forschungsstelle für deutsche Prosa des Mittelalters am Seminar für deutsche Philologie der Universität Würzburg, München 1968, S. 16–80 (bes. 53–72).

16 Mittelhochdeutsches Wörterbuch. Im Auftrag der Akademie der Wissenschaften zu Göttingen hg. von Kurt Gärtner, Klaus Grubmüller und Karl Stackmann, Bd. 1, Stuttgart 2013, Sp. 628–630.

2.2 entscheiden
2.2.1 etw. entscheiden, festlegen, (jmdm.) einen Rechtsbescheid geben
2.2.2 etw. scheiden, unterscheiden
3. refl[exiv]
3.1 sich entscheiden
3.2 sich bescheiden, einrichten

Die anzunehmende ursprüngliche Bedeutung ›unterscheiden‹, von der alle anderen Bedeutungen ihren Ausgang zu nehmen scheinen, ist hier unter 2.2.2 einsortiert.

Das Frühneuhochdeutsche Wörterbuch (FWB)[17], das die Zeit von der Mitte des 14. bis zur Mitte des 17. Jh.s abdeckt, setzt (hier leicht gekürzt) ähnliche Bedeutungspunkte an, gliedert allerdings linear von 1. bis 12. Hier erscheint ›etw. unterscheiden‹ unter der ersten Position, das allerdings mit nur einem einzigen Beleg:

1. etw. unterscheiden
2. etw. erkennen, wissen; sich an etw. erinnern
3. etw. darlegen, ausführen, berichten, erklären (...)
4. etw. festlegen, bestimmen verordnen; von Gott: etw. einrichten, schaffen
5. jm. etwas zuweisen, zuteilen, (gerichtlich) zusprechen, zuerkennen
6. (jm.) etw. erblich vermachen
7. (einen Termin, eine Versammlung) anberaumen, festlegen, ansetzen; (ein Gericht) einberufen; jm. (einen Termin) angeben
8. ein Urteil fällen, eine verbildlich gemeinte Entscheidung treffen, in e[ngerem] S[inne] entscheiden (...)
9. jn. instruieren, mit Autorität belehren (...)
10. jn. wohin beordern, bestellen, kommandieren, schicken, senden
11. jn. vorladen, (vor einer Instanz) zu erscheinen befehlen
12. sich demütig auf das Wesentliche beschränken.

Es ist ersichtlich, dass in der frühen Neuzeit die rechtssprachlichen Verwendungsweisen (4 bis 11) gegenüber dem Mittelhochdeutschen deutlich zugenommen haben.

17 Frühneuhochdeutsches Wörterbuch. Hg. von Ulrich Goebel und Oskar Reichmann. Bd. 3, *barmherzigkeit – bezwüngnis*, Berlin/New York 2002, Sp. 1637–1645.

Das Adjektiv

Wie oben dargelegt wurde, leitet sich das Adjektiv als ehemaliges Partizip Präteritum vom Verbum her.

Das MWB[18] unterscheidet folgende Bedeutungen:

1. verständig, klug, kundig, besonnen
2. angemessen
2.1 von Sachen
2.1.1 passend
2.1.2 offensichtlich
2.2 von Personen
3. bestimmt
3.1 festgesetzt
3.2 phras[eologisch]

Ähnlich, wenn auch mit anderer Abfolge der Einzelbedeutungen, das FWB[19]:

1. klar, deutlich, klar bewußt, überlegt (…); wohl unterschieden, gut erkennbar, sichtbar, deutlich; groß, bedeutend (von Sachen aller Art)
2. phras[eologisch]: *zu seinen bescheidenen jaren kommen* ›mündig werden‹
3. klug (…), umsichtig, verständig, angemessen; vorsichtig, maßvoll, bedacht, überlegt, geziemend, das eigene Verhalten unter Kontrolle habend.
4. ehrbar, angesehen, geachtet, ehrendes Beiwort für Bürgermeister, Amtspersonen, Bürger, Priester, Richter, steht zwischen freier Verwendung im Sinne von 1 und 3 und festem Titel-Anredebestandteil.
5. bescheiden, zurückhaltend, demütig
6. festgesetzt, festgelegt, bestimmt, vorgeschrieben
7. in der Regel phras[eologisch]: *(al)so bescheiden(lich)* unter, mit der Bedingung, mit der Maßgabe, in der Weise, mit der spezifizierenden Bestimmung
8. angemessen, maßvoll; schlicht, einfach; mit Tendenz zu mäßig, gering, klein; bei positiver Wertung: zierlich (z. B. vom Mund)

Erstmals ist mit 5. und 8. auch die Bedeutung dokumentiert, die sich bis in die Gegenwartssprache fortsetzt: ›bescheiden, zurückhaltend, demütig‹.

18 MWB (wie Anm.13), Sp. 627 f.
19 FWB (wie Anm. 14), Sp. 1645–1650.

Im Unterschied zum Verbum ist eine semantische Verwendungsweise, die die Bedeutungskomponente »auseinanderhalten, unterscheiden« enthält, nicht vorhanden. Das findet seine natürliche Begründung darin, dass – wie oben gezeigt – das Adjektiv im Sprecherbewusstsein nicht mehr als Partizip im Zusammenhang mit dem Verb steht.

Das Abstraktum

Das Abstraktum leitet sich vom Adjektiv her und steht nur noch indirekt in einem wortgeschichtlichen Zusammenhang mit dem Verbum.

Für das Mittelhochdeutsche werden folgende Bedeutungen unterschieden[20]:

1. Urteilsfähigkeit, Einsicht, Vernunft
2. Unterscheidung
3. Zurückhaltung, Bescheidenheit, Maßhalten
4. rechtl[ich].

4.1 Entscheidung, Festlegung, Satzung
4.2 Ermessen
4.3 als Anrede an hochgestellte Persönlichkeiten
4.4 Anteil
4.5 phras[eologisch]

Ein epigraphisches mittelhochdeutsches Zeugnis

Zu Punkt 1. im Mhd. Wörterbuch nachzutragen wäre noch *bescheidenheit* als mittelhochdeutscher Werktitel einer groß angelegten Sammlung von Weisheitssentenzen in ca. 4700 paarreimenden Verszeilen[21]. Deren Autor nennt sich *Frîdanc* (›Freidank‹). Biographisch ist er kaum zu fassen. Sicher lebte und schrieb er im früheren 13. Jahrhundert. Werk und Autor nennen sich selbst:

Ich bin genant ***bescheidenheit,***
diu aller tugende krône treit.
mich hat berihtet Frîdanc.

20 MWB (wie Anm. 13), Sp. 630–631.

21 Fridankes Bescheidenheit. Hg. von H[einrich] E[rnst] Bezzenberger, Halle 1872. Vgl. Friedrich Neumann: Freidank. In: Die deutsche Literatur des Mittelalters. Verfasserlexikon. Berlin/New York 2. Auflage, Bd 2, 1980, Sp. 897–903.

›ich heiße *bescheidenheit*,
die die Krone aller Tugenden trägt.
Mich hat Freidank verfasst‹.

An der Decke des Großen Ratssaales des 1830 abgerissenen Rathauses zu Erfurt befanden sich einst Rundschilde von ca. 90 cm Durchmesser, die Brustbilder männlicher Figuren mit umlaufenden Inschriften zeigten. Wie viele es einst waren, weiß man nicht. Erhalten sind 27. Eine davon trägt in Abwandlung das erste Verspaar: *MERKET DAZ BESCHEIDNHEIT OB ALLEN TUGENDEN DIE CRONE TREIT.*

Die Schilde, die der Schrift nach in die 2. Hälfte des 14. Jh.s zu datieren sind, befinden sich heute im Erfurter Angermuseum.[22]

Die Bedeutungsangaben des Frühneuhochdeutschen Wörterbuchs[23] zum Abstraktum *Bescheidenheit* decken sich inhaltlich weitgehend mit denen des MWB:

1. dem Menschen von seiner natürlichen Ausstattung her eigene oder von Gott verliehene geistige Fähigkeit zu rationalem Urteil, rationaler Kont-

22 Vgl. Joachim, Heinzle: Rundschilde mit Freidank-Sprüchen aus dem alten Erfurter Rathaus. In: *bescheidenheit.* Deutsche Literatur des Mittelalters in Eisenach und Erfurt, hg. von Christoph Fasbender, Gotha 2006, S. 10 f.

23 FWB (wie Anm. 14), Sp. 1650–1657.

rolle seines Handelns, menschliches Unterscheidungs-, Urteilsvermögen, kluge Einsicht, Klugheit, Weisheit als Tugend (...)
2. Urteilsfähigkeit, Zurechnungsfähigkeit; Mündigkeit
3. einer Handlung gebührendes Augenmaß, Besonnenheit (wie sie u.a. im Rechtsbereich gefordert wird), ethisch kontrollierte Rücksicht, Billigkeit, Haltung praktischer Klugheit, Bedachtheit; kluges Ermessen; auch: Schläue
4. Bescheidenheit, Demut, Zurückhaltung, kritische Einschätzung der eigenen Person und ihrer Möglichkeiten;
5. Rechtsregelung, geltendes Recht, Gewohnheitsrecht, Statut, Ordnung, Beschluß mit Rechtskraft; überzeitlich gültiges Gesetz
6. richterliche Entscheidung
7. Bestimmung, Bedingung, Voraussetzung, Vorbehalt, (ein Abkommen) spezifizierende, modifizierende, einschränkende Bestimmung, Klausel, Maßgabe; bei positiver Wertung der Bestimmung und gleichzeitiger Metonymie: ›Gunstbezeugung, Gunsterweis
8. geringe, zur Bedarfsdeckung ausreichende Menge oder Anzahl; geringe Qualität von etw. (z.B. der Sprache); als Metonymie: Bedarfsdeckung
9. Gestalt, Fassung

Die beiden zitierten historischen Wörterbücher lassen erkennen, dass das mittelalterliche und frühneuzeitliche Abstraktum wie auch das zugrundliegende Adjektiv letztlich drei Bedeutungsbereiche umfasst:

> 1. Geistiges Differenzierungs- und damit Erkenntnisvermögen, 2. in einem weiten Sinne die ethische Qualität der *modestas* und 3. Recht und Rechtmäßigkeit.

III.

Aus der Anzahl verfügbarer gedruckter oder online publizierter Lexikographika des Gegenwartsdeutschen sollen drei exemplarisch darauf durchgesehen werden, wie das adjektivische Lemma *bescheiden* für die Gegenwartssprache behandelt wird: 1. das als klassisch geltende Deutsche Wörterbuch (DWB) in zweiter Auflage, dessen Erstauflage auf die Brüder Grimm zurückgeht[24], 2. das online verfüg-

24 Die Kleinschreibung der Substantive in den nachfolgenden Zitaten geht auf die Brüder Grimm zurück.

bare Duden-Wörterbuch[25] und 3. das als letztes hinzugekommene Digitale Wörterbuch der deutschen Sprache (DWDS)[26].

Die Neubearbeitung des Deutschen Wörterbuchs der Brüder Grimm (^{2}DWB)[27]

Epochenübergreifend vom Mittelhochdeutschen bis zur Gegenwart wird folgendes Bedeutungsspektrum angegeben (hier komprimiert):

1. ›klug, verständig, zurückhaltend, gering, schlicht‹
   a. von personen u. (im adverbialen gebrauch) deren verhaltensweisen
   b. von personen u. sachen ›anspruchslos, geringen ansprüchen genügend, klein unscheinbar, gering‹; speziell in bezug auf personen ›zurückhaltend, sich nicht in den vordergrund drängend‹
2. ›zugeteilt, zugewiesen, zugemessen, bestimmt‹, auch ›festgesetzt, festgelegt‹ (vor allem von ort und zeit)

Bei Punkt 2 wird auf die Nähe zum Verbum *bescheiden* in der Bedeutung ›etwas bestimmen, anordnen, festlegen, entscheiden‹ hingewiesen. Der Schwerpunkt liegt dabei auf den neuzeitlichen Jahrhunderten.

Duden online

Zum Adjektiv *bescheiden* werden (nach Informationen zur Wortart, Aussprache und Orthographie) folgende Bedeutungsangaben gemacht[28]:

1. sich nicht in den Vordergrund stellend, in seinen Ansprüchen maßvoll, genügsam oder davon zeugend (Kollokationen: ein bescheidenes Benehmen, bescheiden sein, bescheiden anfragen (…) eine bescheidene Frage: Wie lange wollen wir hier noch sitzen?).
2. einfach, schlicht, gehobenen Ansprüchen nicht genügend (ein bescheidenes Zimmer, bescheidene Verhältnisse, er lebt sehr bescheiden)

---

25 https://www.duden.de/woerterbuch.

26 https://www.dwds.de/

27 Deutsches Wörterbuch von Jacob Grimm und Wilhelm Grimm. Neubearbeitung. Hg. von der Berlin-Brandenburgischen Akademie der Wissenschaften und der Akademie der Wissenschaften zu Göttingen, Bd. 4, Stuttgart 2013, Sp. 1059–1061.

28 Anders als in MWB, FWB und DWB werden keine literarischen Belege gegeben, sondern von der Redaktion formulierte Kollokationen.

3. sehr schlecht, unerfreulich (dieser Lohn ist allzu bescheiden, seine Leistungen waren sehr bescheiden).

Es zeigt sich, dass das Bedeutungsspektrum gegenüber dem Mittel- und Frühneuhochdeutschen erheblich reduziert worden ist: Der ursprüngliche Bedeutungsbereich (›fähig zu unterscheiden‹) ist ebenso erloschen wie der rechtssprachliche (›angemessen, angeordnet‹ u. ä.[29]) und der intellektuelle (weise, klug, vernünftig etc.). Erhalten hat sich die eher ethische Semantik (›zurückhaltend, uneitel‹). Von hier aus konnte schließlich die Pejorisierung erfolgen.

Dieser letzte semantische Schritt wird manifest, wenn man einen Blick auf die im Online-Duden aufgeführten Synonyme und Synonymengruppen wirft: Ohne nähere stilistische Kennzeichnung sind *anspruchslos*, *bedürfnislos*, *genügsam, maßvoll.* Weitere Synonyme werden Stilebenen zugewiesen: »bildungssprachlich«: *unprätentiös*, *ärmlich*, *armselig*, *karg*, *kümmerlich*, *puritanisch*, *schlicht*, *spartanisch*, »abwertend«: *dürftig*, »umgangssprachlich abwertend«: *mickrig*, *popelig*, *desaströs*, »umgangssprachlich«: *mies*, *unter aller Kanone*, *unter aller Kritik*, »salopp«: *beschissen*, »emotional«: *miserabel*, »umgangssprachlich abwertend«: *lausig*, »salopp abwertend«: *hundsmiserabel, saumäßig*, »derb abwertend«: *scheiße*, *unter aller Sau.*

Man mag geteilter Meinung sein, ob bzw. inwieweit es sich hierbei um Adjektive bzw. Ausdrücke handelt, die noch als Synonyme zu *bescheiden* gelten können, und man kann auch unterschiedlicher Meinung über die Zuweisungen zu verschiedenen Stilebenen sein. Deutlich wird aber auf jeden Fall, dass in der Gegenwartssprache eine neue semantische Verwendungsweise gebräuchlich geworden ist, nämlich die pejorative.

Das Digitale Wörterbuch der deutschen Sprache (DWDS)

Hierbei handelt es sich um ein neues und neuartiges lexikologisches Tool ohne gedrucktes Pendant, das den Anspruch erhebt, den deutschen Wortschatz quantitativ und qualitativ besser zu erfassen als alle bisherigen Print-Wörterbücher. Es umfasst »49 Mrd. Belege in historischen und gegenwartssprachlichen Textsammlungen«, baute eigene Ressourcen auf und greift auch auf andere Wörterbücher zurück: »Zentral für das DWDS-Wortinformationssystem ist das **gegenwartssprachliche DWDS-Wörterbuch**. Dieses basiert auf mehreren gegenwartssprachlichen Wörterbüchern und wird aktiv von der Projektgruppe des DWDS und ZDL (Zentrum für digitale Lexikographie der deutschen Sprache) ergänzt

29 Fassbar wird die rechtssprachliche Bedeutung allerdings noch in dem Abstraktum *Bescheid*, das im gegebenen Zusammenhang jedoch außer Acht bleiben kann.

und überarbeitet. Das DWDS liefert für jedes Stichwort Informationen zu Form und Bedeutung. Ergänzt werden diese Informationen durch entsprechende Angaben aus dem **Etymologischen Wörterbuch des Deutschen** von Wolfgang Pfeifer[30] und dem kollaborativ erstellten **OpenThesaurus** (Synonyme, Ober- und Unterbegriffe)«. Es bietet »Häufigkeiten, typische Verbindungen und zeitliche Verläufe über 400 Jahre« in graphischen Verlaufskurven, dazu einen »Blog zum Wörterbuch«, als weiteren Hauptmenüpunkt »Wort-Spiele« und ein »Videohandbuch«. Geboten wird also eine Vielschichtigkeit, die nur mit modernen informationstechnischen Mitteln erreichbar ist. Hinzu kommen »Artikel des Tages« mit Bezug auf aktuelle Ereignisse, eine Liste der zuletzt neu eingestellten Wortartikel und Mitteilungen aus Projekt. Die Plattform zeigt beim Einstieg dieses Layout[31]:

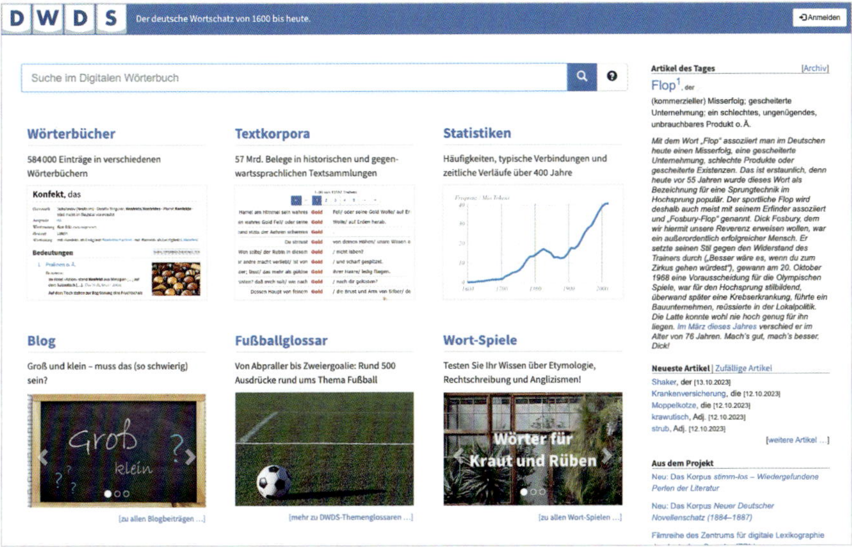

Ruft man nun das Adjektiv *bescheiden* auf, erhält man nach elementaren Angaben zur Grammatik folgende Bedeutungsangaben:

1. nicht anmaßend, nicht überheblich,
2. a. einfach, schlicht
   b. klein, unbedeutend
   c. salopp, verhüllend Synonym zu beschissen,

30 Wolfgang Pfeifer: Etymologisches Wörterbuch des Deutschen, München 1998.

31 Im Folgenden Screenshots vom 20. Oktober 2023.

Es werden (offensichtlich von einem nicht genannten Bearbeiter verfasste) exemplarische Verwendungsbelege angeführt. Insgesamt ähnelt die Darbietung bis hierher dem, was auch im Online-Duden zu erfahren ist.

Was das DWDS allen anderen Wörterbüchern voraus hat, ist die immense Menge an dokumentierten Belegen. Aber genau hier stößt das quantitativ akkumulierende Verfahren an Grenzen, die – bei aller scheinbaren Zeitgemäßheit der Designs – den Gebrauchswert des ganzen Unternehmens in Frage stellen. Das soll an einigen Beispielen gezeigt werden, zunächst entsprechend der Thematik dieses Beitrags anhand des Adjektivs *bescheiden.*

Schon der Blick auf eine geringe Auswahl aus einer unsortierten Belegmasse aus dem »DWDS-Kernkorpus (1900-1999)« zeigt ein Dilemma:

1: Degenhardt, Franz Josef: Für ewig und drei Tage, Berlin: Aufbau-Verl. 1999, S. 136
»Warum nicht«, sagte Christa Meinhold; sie, Anne-Catherine, meine also, dem Putsch sei kein Erfolg **beschieden**.

2: Degenhardt, Franz Josef: Für ewig und drei Tage, Berlin: Aufbau-Verl. 1999, S. 218
[...] Die jubelnden Menschenmengen, denen der Moskauer Bürgermeister Popow zurief, man müsse jetzt Jelzin zum Helden der Sowjetunion ernennen, den sich **bescheiden** gebenden Volkshelden selbst, das Ende des Putsches verkündend und vor der »Rossia, Rossia, Rossia ...« rufenden Menge unter blau-weiß-roten statt roten Fahnen, die Bilder der Nacht von den Panzern, unter denen junge Männer zerquetscht wurden, einen verwirrt wirkenden Gorbatschow, der auf einer Pressekonferenz wirre Geschichten über seinen Hausarrest auf der Krim erzählte, und immer wieder den »Helden der die Welt erschütternden Tage«, wie der Korrespondent nahezu singend verkündete, den »Garanten der neuen Demokratie: Jelzin«. [...]

3: Degenhardt, Franz Josef: Für ewig und drei Tage, Berlin: Aufbau-Verl. 1999, S. 241
Er und seine Frau haben einen Stall voll Kinder, vierzehn insgesamt!, und sie führen ein in der Familie sprichwörtlich **bescheidenes**, ja piefig-kleinbürgerliches Leben, was um so merkwürdiger scheint, als sie, Lena-Bettina von Üxbergen, aus baltischem Adel stammt.

4: Engler, Wolfgang: Die Ostdeutschen, Berlin: Aufbau-Taschenbuch-Verl. 2000 [1999], S. 42
Offenen Plätzen auf der einen Straßenseite antworten, durchaus entsprechend, aber eben nicht spiegelbildlich, Laubenganghäuser auf der anderen; straßenzugewandte Fassaden finden ihr Gegenüber in straßenflüchtigen; Säulengänge, die Durchsicht gewähren, besitzen ihr vis-à-vis in bloßen Säulenvorbauten; die Straße über bauende Geschäftsräume »blicken« auf fassadentreu abschließende; ein in den Häuserblock integrierter U-Bahn-Eingang ringt mit einem auf gleicher Höhe befindlichen freistehenden um die Gunst des Betrachters; die eine Häuserzeile beherbergt Cafés und Restaurants, die andere **bescheidet** sich mit gewöhnlichen Geschäften.

5: Engler, Wolfgang: Die Ostdeutschen, Berlin: Aufbau-Taschenbuch-Verl. 2000 [1999], S. 57
Die Diskrepanz zwischen Raumüberfluß und eher **bescheidenem** Warenangebot wurde nicht kaschiert, sondern benutzt - Kaufen als (möglichst lustvoller) Nebenaspekt des Umherwandelns in gediegenem Dekor mit Böden aus Marmor, Wänden aus Esche oder Ahorn.

6: Engler, Wolfgang: Die Ostdeutschen, Berlin: Aufbau-Taschenbuch-Verl. 2000 [1999], S. 82
Hätten sie sich auf erfüllbare Forderungen beschränkt, ein geringeres Drohpotential entfaltet, wären vermutlich selbst **bescheidene** Zugeständnisse ausgeblieben.

7: Engler, Wolfgang: Die Ostdeutschen, Berlin: Aufbau-Taschenbuch-Verl. 2000 [1999], S. 132
Deren Pioniergeist **beschied** sich nämlich nicht auf Kleidung und Dekor; sie wollte sehr viel weiter hinaus - auf ein Leben ohne Lügen, privat und im Beruf; auf klare Verhältnisse.

8: Engler, Wolfgang: Die Ostdeutschen, Berlin: Aufbau-Taschenbuch-Verl. 2000 [1999], S. 142
Die Beherrschten hatten gelernt, sich in Genügsamkeit zu **bescheiden**, und auch die Herrschenden begannen, sich mit dem Volk abzufinden.

Referenz- und Zeitungskorpora (frei) (48063)

Zeitungskorpora
Berliner Zeitung (1994–2005) (6576)
Der Tagesspiegel (ab 1996) (4900)
Die ZEIT (1946–2018) (23339)

Webkorpora
Blogs (2110)

Spezialkorpora
DTA-Erweiterungen (1465–1969) (3362)
Archiv der Gegenwart (1931–2000) (828)
Polytechnisches Journal (480)
Filmuntertitel (1036)
Gesprochene Sprache (89)
DDR (209)
Politische Reden (1982–2020) (529)
Bundestagskorpus (1949–2017) (6132)
Soldatenbriefe (1745–1872) (3)
Korpus Patiententexte (1834–1957) (75)
A. v. Humboldts Publizistik (dt., 1790–1859) (62)
Nachrichten aus der Brüdergemeine (1819–1894) (467)
Der Neue Pitaval (1842–1890) (216)
Briefe von Jean Paul (1780–1825) (43)
Deutsche Kunst und Dekoration (1897–1932) (488)

Von den ersten acht zitierten Belegen sind vier (Nr. 1, 4, 7, 8) überhaupt nicht dem Adjektiv *bescheiden* zuzuordnen, sondern dem Verbum *bescheiden*! Das ist eine eklatante Fehlleistung, die so in einem analogen Wörterbuch, das von kompetenten Lexikographen erarbeitet wurde, niemals passieren würde. Offenbar sind Massen von Belegen durch eine Software gejagt worden, die nicht in der Lage war, Verb und Adjektiv zu unterscheiden.

Und diese Fehlleistung ist nun beileibe kein hinnehmbarer Einzelfall beim Stichwort *bescheiden.*

Unter den Belegen für das feminine Substantiv *die Macht* beispielsweise findet im »Kernkorpus 1990-1999« als Nr. 2: *»Macht nichts, macht nichts«, sagt Tom, unternimmt kurz Anstalten, das Bett abzuziehen, und läßt es dann bleiben*, im »Kernkorpus 2000-2010« wieder prominent als Nr. 2: *Macht der Fuchs sich wieder auf die Hühnerjagd?*, als Nr. 163: *Macht, was ihr wollt, ich kenne euch nicht* *mehr!*, als Nr. 165: *»Macht nichts«, sagte ich, während das Kopfnicken des Bassisten der unseligen Band den Einsatz gab.* Das alles unter dem Lemma *die Macht*!

Unter dem Stichwort *die Wolle* stößt man (im »Kernkorpus 2000-2010«) auf weiteren Unsinn, beispielsweise unter Nr. 5: *Wolle ich wirklich wissen, wie? schrie da jedoch eine andere Stimme heiser*, als Nr. 18: *Wolle jener das nicht, so werde er nach anderen Lösungen suchen.* Und nicht einmal Dialektales ist vor einem derart absurden Zugriff sicher: *Wolle Se net gleisch saache, wiefei Se hawwe wolle, dann mus isch net dauernt hi und her renne* (als Nr. 82 im »Kern-Korpus 1900-1999).

Solche Fehlzuweisungen schlagen dann natürlich auch in den »Wortverlaufskurven« zu Buche. Weitere Beispiele, die zeigen, dass es sich beim D»W«DS um kein Wörterbuch handelt, sondern, um ein elektronisch generiertes pseudolexikographisches Monstrum, ließen sich unschwer beibringen. Die wenigen Beispiele machen die Misere bereits hinreichend deutlich. Wissenschaftsgeschichtlich und -politisch ist es nichts weniger als ein Skandal, dass die Neubearbeitung des Grimmschen deutschen Wörterbuchs mit dem Abschluss des Buchstabens G beendet werden musste, weil Verantwortliche des DWDS in höchst *un-bescheidener* Weise zu der Überzeugung gelangt waren, dessen weiteres Erscheinen mit quantitativen Methoden überflüssig machen zu können.

Eine solche Diskrepanz zwischen Attitüde und Realität weckt Assoziationen an Hans Christian Andersens Märchen von des Kaisers neuen Kleidern…

IV.

Blicken wir zurück auf die historische Bedeutungsentwicklung des Adjektivs *bescheiden* (und des davon abgeleiteten Abstraktums *Bescheidenheit*), so kann man – von Details abstrahierend – vier semantische Domänen unterscheiden:

bescheiden$_1$: fähig, zwischen Gegensätzlichem (gut und böse, richtig und falsch etc.) zu unterscheiden.
bescheiden$_2$: klug, verständig.
bescheiden$_3$: zurückhaltend, nicht anmaßend.
bescheiden$_4$: qualitativ schlecht, miserabel.

Man kann abschließend diese historisch-semantische Abfolge auch auf die aktuelle wissenschaftliche Lexikographie projizieren:

bescheiden$_1$ betrifft ganz elementar den lexikographischen Objektbereich: Disparates muss auseinandergehalten werden. Homonyme und polyseme Wörter (Substantive, Verben, Adjektive) sind differenziert und differenzierend zu behandeln.

bescheiden$_2$ betrifft das lexikographisch arbeitende Subjekt: Die Kompetenz in Hinblick auf *bescheiden*$_1$ muss gegeben sein.

bescheiden$_3$ befähigt das lexikographisch (wie jedes wissenschaftlich tätige) Subjekt, bereits Geleistetes zur Kenntnis zu nehmen, es adäquat zu würdigen und sich in der eigenen Arbeit darauf zu beziehen. Das impliziert die Fähigkeit (und Bereitschaft!), das eigene Tun zu relativieren und vorhandene Methoden und Wissensbestände nicht dem Design oder einer vorgeblichen Innovativität zuliebe über Bord zu werfen.

bescheiden$_4$ ist dann gegeben, wenn *bescheiden*$_{1,2,3}$ nicht gewährleistet sind.